RECETTES CROUSTILLANTES ET LÉGÈRES AVEC Easy fry & Grill

La CUISINE de D&T...

RECETTES CROUSTILLANTES ET LÉGÈRES AVEC Easy fry & Grill

LES PETITS LIVRES DE RECETTES

Moulinex

Recettes et stylisme de Pauline Dubois
Photographies de Fabrice Veigas

La CUISINE de D&T...

Sommaire

VEGGIE

DESSERTS

Préparation

Repos - Marinade

Cuisson

Moulinex

Grâce à l'Easy Fry & Grill, préparez en toute simplicité des recettes croustillantes et légères avec peu ou pas d'huile !

Ce nouvel assistant culinaire à la technologie innovante propose deux méthodes de cuisson : à air chaud (air fry) et sous le gril (grill). Une excellente manière de cuisiner une infinité de recettes de manière saine et de redécouvrir le plaisir sans culpabilité !

Intelligent et polyvalent, Easy Fry & Grill possède donc d'une part la technologie Extra Crisp, qui permet un équilibre parfait entre la température et le débit d'air chaud nécessaire pour obtenir des plats croustillants et dorés, et d'autre part la technologie Grill, pour préparer viandes et poissons, cuits à la perfection. Le robot vous offre également la possibilité de contrôler la température (de 80 °C à 200 °C) selon vos besoins et sa grande capacité (4,2 litres) est particulièrement adaptée aux familles ou aux repas entre amis !

Ses 8 programmes automatiques vont vous simplifier la vie : frites, nuggets, poulet rôti, pizza, viandes, poissons, légumes et desserts. Toutefois, vous pouvez tout à fait choisir vos cuissons en plaçant simplement les aliments dans le panier de l'Easy Fry & Grill et en sélectionnant la fonction Air Fry ou Grill (recommandée pour les viandes et poissons). C'est de cette manière qu'ont été conçues nos recettes, pour permettre à tous les utilisateurs de l'Easy Fry & Grill, quel que soit le modèle dont ils disposent, de les préparer.

Vous trouverez dans cet ouvrage des recettes spécialement adaptées à votre machine : de délicieux onion rings, des nuggets de poulet, un rôti savoureux, mais aussi des churros à la cannelle… voici un large éventail de recettes gourmandes de l'entrée au dessert !

Bienvenue dans l'univers délicieusement croustillant d'Easy Fry & Grill !

À table !

Apéritifs

Ingrédients

2 grosses pommes de terre
à chair farineuse
(type Bintje)

1 c. à soupe d'huile de friture

Sel, poivre

POTATOES CHIPS

4 personnes

15 MIN

30 MIN

30 MIN

1. À l'aide d'une mandoline, coupez les pommes de terre en tranches très fines.

2. Déposez les rondelles dans un grand saladier, couvrez d'eau froide et laissez tremper 30 min.

3. Égouttez et épongez bien les tranches pour enlever toute l'eau à l'aide d'un torchon.

4. Déposez les rondelles dans le panier de l'Easy Fry en formant plusieurs couches. Versez l'huile et faites cuire 30 min à 180 °C, en remuant les chips toutes les 10 min.

5. Sortez les chips du panier, salez et poivrez généreusement.

NEMS
AU POULET

15 pièces

35 MIN

20 MIN

Ingrédients

250 g de filets de poulet mixés

15 galettes de riz

75 g de pousses de haricots mungo en bocal, coupées grossièrement

25 g de vermicelles de riz trempés 15 min dans de l'eau chaude et coupés grossièrement

6 champignons noirs séchés réhydratés 30 min dans de l'eau chaude et hachés

1 petite carotte râpée

1 oignon émincé

1 œuf

2 c. à soupe de sauce nuoc-mâm

1 c. à soupe de sucre

1 c. à café de fécule de maïs

1 c. à soupe d'huile de friture

Sel, poivre

1. Dans un saladier, mélangez de façon homogène le poulet, l'œuf, les vermicelles de riz, les pousses de haricots mungo, la carotte, l'oignon, les champignons, le sucre, la fécule, la sauce nuoc-mâm, du sel et du poivre.

2. Dans un plat creux rempli d'eau tiède, trempez une galette de riz quelques secondes afin de la ramollir, puis déposez-la sur un torchon humide.

3. Placez 1 c. à soupe de farce en une bande sur le bas de la galette. Rabattez le bord inférieur dessus et roulez un tour vers le haut. Repliez le côté gauche, puis le côté droit dessus afin de bien enfermer la farce. Roulez ensuite sur toute la galette de riz vers le haut en serrant entre vos doigts.

4. Répétez l'opération avec le reste des galettes. Réservez les nems sur un torchon humide bien séparés les uns des autres afin qu'ils ne se collent pas entre eux.

5. Déposez les nems dans le panier de l'Easy Fry, ajoutez l'huile et faites cuire 10 min à 180°C. Remuez et relancez la cuisson pour 10 min supplémentaires. Dégustez les nems chauds.

Astuce : servez avec des feuilles de salade, de la menthe fraîche et de la sauce nems.

MOZZARELLA STICKS À LA CHAPELURE PANKO

Ingrédients

300 g de mozzarella coupée en bâtonnets

100 g de chapelure panko ou, à défaut, de chapelure classique

2 œufs

5 cl de lait

80 g de farine

40 g de fécule de maïs

1 pincée d'ail en poudre

1 pincée de piment d'Espelette

1 c. à soupe d'huile de friture

½ c. à café de sel

Poivre

12 pièces

15 MIN

16 MIN

1. Battez les œufs et le lait dans un bol. Dans un deuxième bol, mélangez la farine et la fécule de maïs.

2. Mélangez la chapelure panko avec le sel, l'ail en poudre, le piment d'Espelette et du poivre dans un troisième bol.

3. Enrobez chaque bâtonnet de mozzarella du mélange farine-fécule de maïs. Retirez l'excédent, puis roulez les sticks dans le mélange d'œufs battus et, enfin, dans la chapelure.

4. Déposez les sticks dans le panier de l'Easy Fry, ajoutez l'huile et faites cuire 8 min à 180 °C. Remuez et relancez la cuisson pour 8 min supplémentaires.

Ingrédients

20 crevettes cuites

70 g de farine

30 g de fécule de maïs

1 œuf

20 cl d'eau gazeuse très froide

1 c. à soupe d'huile de friture

½ c. à café de sel

Pour la sauce

180 g de sucre

140 g de ketchup

6 cl de vinaigre blanc

5 cl de sauce soja

2 c. à soupe de fécule de maïs

12 cl d'eau

TEMPURAS DE CREVETTES, SAUCE AIGRE-DOUCE

20 pièces

25 MIN

30 MIN

1. Préparez la sauce. Mélangez tous les ingrédients dans une casserole et faites chauffer à feu doux. Portez la sauce à ébullition et remuez de temps en temps jusqu'à ce que la sauce s'épaississe environ 8 min. Laissez refroidir.

2. Dans un saladier, tamisez la farine et la fécule de maïs. Battez l'œuf et mélangez-le avec l'eau gazeuse froide. Ajoutez-y le sel, la farine et la fécule tamisées petit à petit et mélangez rapidement afin d'obtenir une pâte lisse.

3. Décortiquez les crevettes en conservant la queue. Trempez les crevettes dans la pâte à tempura, en veillant à bien les enrober, sauf la queue.

4. Déposez les crevettes dans le panier de l'Easy Fry, ajoutez l'huile et faites cuire 10 min à 180 °C. Remuez et relancez la cuisson pour 10 min supplémentaires. Dégustez avec la sauce aigre-douce.

TSINGTAO

Ingrédients

12 feuilles à raviolis wonton

8 crevettes crues décortiquées et émincées

90 g de chou blanc ciselé

1 oignon nouveau émincé

1 petit piment rouge émincé

1 gousse d'ail émincée

1 cm de gingembre haché

4 brins de coriandre ciselés + pour le service

2 c. à soupe d'huile de sésame

2 c. à soupe de sauce soja + pour le service

2 c. à soupe de vinaigre de riz

1 c. à soupe d'huile de friture

GYOZAS AUX CREVETTES, SAUCE SOJA

12 pièces

30 MIN

25 MIN

1. Dans le bol d'un mixeur, placez l'ail, l'oignon, le piment, la coriandre, le gingembre et les crevettes. Mixez le tout afin d'obtenir une pâte.

2. Faites chauffer l'huile de sésame dans une sauteuse, puis ajoutez-y la farce et le chou.

3. Faites revenir 3 min à feu moyen. Ajoutez la sauce soja et le vinaigre de riz. Poursuivez la cuisson 1 min.

4. Humidifiez les bords de 1 feuille à ravioli et disposez 1 c. à café de farce au centre. Soudez les bords en triangle, puis effectuez deux plis sur les deux côtés soudés du triangle. Répétez l'opération pour chaque gyoza.

5. Déposez les gyozas dans le panier de l'Easy Fry, ajoutez l'huile de friture et faites cuire 10 min à 180 °C. Remuez et relancez la cuisson pour 10 min supplémentaires. Dégustez accompagné de sauce soja avec de la coriandre ciselée.

Ingrédients

2 pâtes brisées

100 g de thon à l'huile d'olive émietté

400 g de pulpe de tomates en conserve

100 g d'olives vertes dénoyautées hachées

2 oignons blancs hachés
3 gousses d'ail hachées
1 œuf dur écrasé
1 jaune d'œuf battu
1 filet d'huile d'olive
6 brins de persil plat ciselés
1 pincée de piment d'Espelette
1 c. à soupe d'huile de friture
Sel, poivre

EMPANADAS AU THON

6-8 pièces

25 MIN

29 - 34 MIN

1. Dans une sauteuse à feu moyen, faites revenir les oignons et l'ail à feu doux dans l'huile d'olive 3 min.

2. Versez la pulpe de tomates, laissez cuire 5 à 10 min, puis ajoutez le thon, les olives, l'œuf dur, du sel, du poivre, le piment et le persil. Remuez 5 min sur le feu.

3. Découpez 6 à 8 disques avec un emporte-pièce de 8 cm de diamètre dans les pâtes. Garnissez-les avec 1 c. à soupe de farce, mouillez les bords avec de l'eau et rabattez un côté sur l'autre pour former un chausson. Faites des stries sur les bords à l'aide d'une fourchette.

4. Badigeonnez les chaussons de jaune d'œuf.

5. Déposez les chaussons dans le panier de l'Easy Fry, ajoutez l'huile de friture et faites cuire 8 min à 180 °C. Remuez et relancez la cuisson pour 8 min supplémentaires.

SAMOUSSAS AUX LÉGUMES
ET CURRY

16 pièces

25 MIN

35 MIN

Ingrédients

8 feuilles de brick

150 g de patate douce en dés

1 grosse carotte en dés

100 g de pousses d'épinards

1 oignon émincé

1 gousse d'ail hachée

1 c. à soupe de curry en poudre

1 c. à café de cumin en poudre

5 brins de coriandre ciselés

1 c. à soupe d'huile d'olive

1 c. à soupe d'huile de friture

3 c. à soupe d'eau

Sel, poivre

1. Faites revenir l'oignon dans une poêle avec l'huile d'olive 5 min à feu moyen, puis ajoutez la patate douce, la carotte, l'ail et les épices. Salez, poivrez. Poursuivez la cuisson 5 min à feu moyen.

2. Ajoutez l'eau, réduisez le feu et couvrez. Laissez cuire environ 10 min jusqu'à ce que les légumes soient tendres.

3. Ajoutez les épinards et mélangez. Coupez le feu. Écrasez grossièrement la préparation, ajoutez la coriandre et mélangez.

4. Coupez les feuilles brick en deux, ramenez la partie arrondie du bas vers le haut de manière à former un long rectangle et déposez à gauche de la feuille 1 c. à soupe de farce aux légumes. Ramenez le coin haut-gauche de la feuille vers le bas afin d'obtenir un triangle. Continuez à rabattre le triangle farci sur la pâte jusqu'au bout de la feuille en serrant bien. Coincez le dernier bout de la feuille dans le triangle.

5. Déposez les samoussas dans le panier de l'Easy Fry, ajoutez l'huile de friture et faites cuire 10 min à 180 °C. Remuez et relancez la cuisson pour 10 min supplémentaires.

ONION RINGS ET MAYONNAISE LÉGÈRE AUX HERBES

4 personnes

20 MIN

16 MIN

Ingrédients

2 oignons en rondelles de 0,5 cm d'épaisseur

100 g de chapelure panko ou, à défaut, de chapelure classique

100 g de farine

50 g de fécule de maïs

15 cl d'eau froide

1 c. à café de paprika fumé

1 c. à soupe d'huile de friture

Sel, poivre

Pour la sauce

2 yaourts grecs

1 botte de ciboulette ciselée

1 échalote ciselée

1 c. à soupe de jus de citron

1. Dans un bol, mélangez la farine, la fécule de maïs, du sel, du poivre et le paprika fumé. Ajoutez l'eau froide petit à petit en mélangeant bien afin d'éviter les grumeaux. La pâte doit être légèrement liquide.

2. Versez la chapelure dans une assiette creuse. Passez les rondelles d'oignons dans la pâte, puis dans la chapelure. Veillez à bien les enrober.

3. Déposez les rondelles dans le panier de l'Easy Fry, ajoutez l'huile et faites cuire 8 min à 180 °C. Remuez et relancez la cuisson pour 8 min supplémentaires.

4. Pendant ce temps, préparez la sauce : mélangez les yaourts avec la ciboulette et l'échalote ciselées, ajoutez le jus de citron, salez et poivrez. Dégustez les onion rings tièdes avec la sauce.

NEWSPAPER

Ingrédients

1 pâte feuilletée

150 g de pesto

125 g de mozzarella en morceaux

50 g de pignons de pin

Poivre

ROULÉS AU PESTO ET MOZZARELLA

18 pièces

15 MIN

30 MIN

20 MIN

1. Sur le plan de travail, déroulez la pâte feuilletée. Étalez une fine couche de pesto sur toute la surface en laissant 1 ou 2 cm libres sur tout le tour.

2. Parsemez les pignons de pin et les morceaux de mozzarella sur le pesto. Poivrez.

3. Roulez la pâte sur elle-même de manière à former un long boudin. Entourez-le de papier sulfurisé et placez-le au congélateur 30 min le temps que la pâte durcisse.

4. Retirez le papier sulfurisé et coupez le boudin en rondelles de 1,5 cm d'épaisseur.

5. Déposez les roulés dans le panier de l'Easy Fry recouvert de papier sulfurisé et faites cuire 10 min à 180 °C. Remuez et relancez la cuisson pour 10 min supplémentaires.

Ingrédients

1 pâte à pizza rectangulaire de 35 x 25 cm environ

200 g de pulpe de tomates en conserve

200 g de pousses d'épinards

1 oignon émincé

125 g de mozzarella en dés
1 gousse d'ail émincée
2 c. à soupe d'huile d'olive
1 c. à soupe de farine
1 c. à soupe de basilic ciselé
1 poignée de roquette
Sel, poivre

STROMBOLI VEGGIE

4 personnes

20 MIN

34 MIN

1. Dans une poêle, faites revenir l'ail et l'oignon dans 1 c. à soupe d'huile d'olive 1 min à feu vif, puis ajoutez la pulpe de tomates et poursuivez la cuisson 3 min à feu moyen.

2. Ajoutez les épinards, mélangez, couvrez et faites cuire 5 min à feu moyen en remuant de temps en temps. Salez et poivrez, ajoutez le basilic, poursuivez la cuisson 1 min sans le couvercle. Laissez refroidir dans un saladier.

3. Étalez la pâte à pizza sur du papier sulfurisé. Répartissez la sauce aux épinards sur la pâte en laissant environ 5 cm de bords libres. Déposez la mozzarella en ligne sur la longueur.

4. Repliez les côtés de la pâte dans la largeur, l'un sur l'autre pour former un pain, puis rabattez les extrémités pour bien fermer le stromboli.

5. Badigeonnez-le d'huile d'olive, puis farinez-le légèrement. Déposez-le avec le papier sulfurisé dans le panier de l'Easy Fry en plaçant la jointure en dessous.

6. Faites cuire 12 min à 200 °C. Retournez le stromboli et relancez la cuisson pour 12 min supplémentaires. Il doit être bien doré. Laissez refroidir quelques minutes avant de le couper en tranches et de le parsemer de roquette.

Ingrédients

1 boule de pain
(700-800 g)

250 g de mozzarella en dés

2 gousses d'ail hachées

5 brins de basilic ciselés

60 g de beurre fondu

Sel, poivre

CHEESE AND GARLIC BREAD

4 personnes

20 MIN

15 MIN

1. Mélangez le basilic avec le beurre, l'ail, du sel et du poivre.

2. Entaillez le pain sans couper jusqu'à la base, dans un sens, puis dans l'autre de manière à former un quadrillage.

3. Remplissez les interstices avec le beurre à l'ail, puis avec des morceaux de mozzarella. Emballez le pain dans du papier sulfurisé et déposez-le dans le panier de l'Easy Fry.

4. Faites cuire 15 min à 180 °C.

Moulinex

Ingrédients

700 g de pommes de terre à chair farineuse (type Bintje)

1 œuf

1 c. à soupe de persil ciselé

1 gros oignon râpé

1 c. à soupe d'huile de friture

1 c. à café de sel

Poivre

RÖSTIS AU PERSIL

10 pièces

20 MIN

28 - 30 MIN

1. Faites cuire les pommes de terre avec leur peau dans de l'eau bouillante salée pendant 8 à 10 min. Elles doivent rester un peu fermes.

2. Égouttez et séchez les pommes de terre. Laissez-les tiédir, puis épluchez-les.

3. Râpez les pommes de terre dans un saladier, ajoutez l'oignon, l'œuf, le persil, le sel et du poivre. Mélangez la préparation.

4. Formez des galettes de pommes de terre à l'aide d'un emporte-pièce de 6 cm de diamètre.

5. Déposez-les dans le panier de l'Easy Fry. Versez l'huile et faites cuire 10 min à 180 °C. Retournez les röstis et poursuivez la cuisson pour 10 min supplémentaires.

Astuce : servez accompagnés d'une sauce à la crème fraîche et au paprika fumé.

Viandes

FAJITAS DE POULET AUX POIVRONS ET OIGNON

4 personnes

20 MIN

30 MIN

15 MIN

Ingrédients

4 tortillas

250 g de filets de poulet coupés en lanières

½ poivron rouge en lamelles

½ poivron jaune en lamelles

1 oignon rouge émincé

1 avocat mûr

1 citron vert

1 yaourt grec

½ botte de coriandre ciselée

Sel, poivre

Pour la marinade

1 c. à soupe de jus de citron vert

1 c. à café de tabasco

1 gousse d'ail hachée

1 c. à café rase de paprika fumé

1 c. à soupe d'huile d'olive

1. Mélangez tous les ingrédients de la marinade dans un grand bol. Salez et poivrez.

2. Placez le poulet dans la marinade, mélangez bien et laissez reposer 30 min.

3. Ajoutez l'oignon et les poivrons dans la marinade, mélangez. Versez le tout dans le panier de l'Easy Fry et faites cuire 15 min à 180 °C, en mélangeant à mi-cuisson.

4. Récupérez la chair de l'avocat, écrasez-la à la fourchette avec du sel et du poivre, arrosez du jus du citron vert.

5. Garnissez les tortillas de poulet aux poivrons, de purée d'avocat, de yaourt grec et de coriandre.

PILONS DE POULET SAUCE BARBECUE ET FRITES DE PATATES DOUCES

4 personnes

15 MIN

1 H

50 MIN

Ingrédients

8 pilons de poulet

1 c. à soupe de graines de sésame

3 brins de coriandre ciselés

Pour la marinade

8 cl de sauce barbecue

1 c. à soupe bombée de moutarde forte

1 c. à café bombée de paprika

1 c. à café de piment de Cayenne

1 c. à café bombée de cumin en poudre

1 gousse d'ail hachée

Pour les frites

750 g de patates douces coupées en bâtonnets

1 c. à soupe de paprika fumé

1 c. à café de piment d'Espelette

1 c. à soupe d'huile d'olive

Fleur de sel, poivre

1. Mélangez tous les ingrédients de la marinade ensemble. Enrobez les pilons de poulet de cette préparation et laissez mariner 1 h minimum.

2. Placez les patates douces dans un saladier, ajoutez de la fleur de sel, du poivre, le paprika, le piment d'Espelette et l'huile d'olive. Mélangez pour que les frites soient bien enrobées.

3. Déposez les pilons de poulet dans le panier de l'Easy Fry et faites cuire 15 min à 180 °C. Retournez les pilons et relancez la cuisson pour 15 min supplémentaires.

4. Parsemez de sésame et de coriandre et réservez dans un plat recouvert d'aluminium pour garder la viande au chaud. Rincez et séchez le panier.

5. Mettez-y les frites de patates douces et faites cuire 10 min à 180 °C. Mélangez et relancez la cuisson pour 10 min supplémentaires. Parsemez de fleur de sel et dégustez avec les pilons grillés.

Ingrédients

4 filets de poulet coupés en dés de 5 cm

100 g de farine

3 blancs d'œufs

100 g de flocons de purée de pommes de terre

1 c. à soupe d'huile de friture

Sel

NUGGETS DE POULET

4 personnes

20 MIN

20 MIN

1. Salez les dés de poulet. Roulez-les dans une assiette contenant la farine, puis tapotez-les pour retirer le surplus.

2. Battez les blancs d'œufs dans une assiette creuse et plongez-y les morceaux de poulet.

3. Versez les flocons de purée dans un récipient creux et roulez les morceaux dedans.

4. Placez les nuggets dans le panier de l'Easy Fry, ajoutez l'huile et faites cuire 10 min à 180 °C. Retournez les nuggets et relancez la cuisson pour 10 min supplémentaires.

Astuce : servez accompagnés de frites et d'une sauce barbecue.

Ingrédients

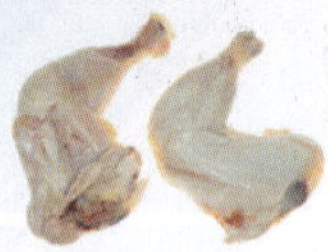

2 cuisses de poulet

400 g de pommes de terre grenaille coupées en deux dans la longueur

2 branches de thym effeuillées

Le jus de 1 citron

4 gousses d'ail

1 c. à soupe d'huile d'olive
Fleur de sel, poivre

CUISSES DE POULET RÔTIES AU THYM, POMMES DE TERRE GRENAILLE

4 personnes

15 MIN

1 H

30 MIN

1. Dans un bol, mélangez les feuilles de thym, le jus du citron, 2 gousses d'ail écrasées et l'huile d'olive.

2. Badigeonnez les cuisses de poulet de ce mélange et laissez mariner 1 h.

3. Déposez les cuisses et la marinade dans le panier de l'Easy Fry. Ajoutez les pommes de terre et 2 gousses d'ail en chermise, puis faites cuire 15 min à 180 °C. Retournez les cuisses et remuez les pommes de terre. Relancez la cuisson pour 15 min supplémentaires.

POULET FAÇON TAJINE, OLIVES, CITRON CONFIT ET SEMOULE

Ingrédients

600 g de filets de poulet coupés en cubes

15 olives vertes dénoyautées

1 citron confit émincé

200 g de semoule

1 oignon émincé

30 cl de bouillon de poule

1 c. à soupe de miel

1 pincée de safran

1 c. à soupe de curcuma

½ botte de coriandre ciselée

1 c. à soupe d'huile d'olive

Sel, poivre

4 personnes

20 MIN

31 MIN

1. Déposez le poulet dans le panier de l'Easy Fry avec l'oignon et l'huile d'olive. Salez et poivrez. Faites cuire 8 min à 180 °C, mélangez et relancez la cuisson pour 8 min supplémentaires.

2. Ajoutez le bouillon, le curcuma, le safran, les olives, le miel et le citron confit.

3. Faites cuire 10 min à 160 °C, mélangez et relancez la cuisson pour 5 min.

4. Pendant ce temps, faites cuire la semoule en suivant les indications du paquet. Servez accompagné de semoule et parsemé de coriandre.

Ingrédients

6 feuilles de lasagne fraîches

250 g de bœuf haché

450 g de coulis de tomates

250 g de ricotta émiettée

250 g de mozzarella en tranches

70 g de parmesan râpé

2 gousses d'ail émincées

1 oignon émincé

3 pincées d'herbes de Provence

½ botte de basilic ciselée

3 c. à soupe d'huile d'olive

Sel, poivre

LASAGNES AU BŒUF

4 personnes

20 MIN

38 MIN

1. Préchauffez l'Easy Fry 5 min à 180 °C. Déposez l'ail et l'oignon dans le bol de l'Easy Fry, versez 1 c. à soupe d'huile d'olive, mélangez et faites cuire 3 min.

2. Ajoutez la viande et mélangez. Versez 1 c. à soupe d'huile d'olive et relancez la cuisson pour 5 min.

3. Mélangez l'ensemble avec le coulis de tomates et les herbes de Provence, salez et poivrez. Réservez et nettoyez le bol de l'Easy Fry.

4. Procédez au montage des lasagnes : versez 1 c. à soupe d'huile d'olive au fond du panier de l'Easyfry. Disposez 3 feuilles de lasagne, puis la moitié de la sauce au bœuf, la moitié de la ricotta et la moitié de la mozzarella. Saupoudrez de basilic ciselé.

5. Couvrez de 3 feuilles de lasagne et ajoutez le reste des ingrédients de la même manière. Saupoudrez de parmesan râpé.

6. Placez le plat dans le panier de l'Easy Fry et faites cuire 30 min à 180 °C.

FRIANDS AU BŒUF

Ingrédients

1 pâte feuilletée rectangulaire

300 g de bœuf haché

1 oignon émincé

2 gousses d'ail émincées

1 tranche de pain de mie sans la croûte

½ verre de lait

2 œufs

1 c. à café de cumin en poudre

4 brins de persil hachés

4 brins de coriandre hachés

2 c. à soupe d'huile d'olive

Sel, poivre

4 personnes

25 MIN

1 H 20

1. Faites revenir l'ail et l'oignon, dans une poêle avec 1 c. à soupe d'huile d'olive 5 min à feu moyen. Réservez.

2. Dans un bol, mettez le pain à tremper dans le lait, puis pressez-le entre les mains pour l'égoutter et réservez.

3. Dans un saladier, mélangez le bœuf avec le cumin, le persil, la coriandre, l'oignon et l'ail cuits, 1 c. à soupe d'huile d'olive, du sel et du poivre. Ajoutez 1 œuf battu et le pain de mie en morceaux. Mélangez-bien le tout afin d'obtenir une farce homogène.

4. Déroulez la pâte feuilletée et coupez-la en quatre rectangles. Badigeonnez les bords d'œuf battu, déposez 1 grosse c. de farce sur la moitié de chaque rectangle et repliez l'autre moitié dessus. Appuyez bien sur les bords pour les souder. Badigeonnez les friands du reste d'œuf battu. Réalisez des croisillons sur la pâte à l'aide d'une fourchette.

5. Déposez deux friands dans le panier de l'Easy Fry recouvert de papier sulfurisé et faites cuire 20 min à 180 °C. Retournez les friands et relancez la cuisson pour 20 min supplémentaires. Faites de même avec les deux autres friands.

Astuce : servez avec des frites et des crudités.

RÔTI DE BŒUF
ET POMMES DE TERRE

4 personnes

25 MIN

55 MIN

Ingrédients

1 rôti de bœuf de 600 g dans le filet

800 g de pommes de terre à rissoler coupées en dés

2 c. à soupe d'huile neutre

1 c. à soupe d'eau

Fleur de sel

Sel

Pour la sauce

1 échalote ciselée

20 g de beurre

15 g de poivre vert concassé

10 cl de cognac

15 cl de bouillon de bœuf

1 c. à café de fécule de maïs

10 cl de crème fleurette

1 c. à soupe d'eau

1. Préparez la sauce : faites fondre le beurre dans une casserole, et, quand il commence à crépiter, ajoutez l'échalote et 1 pincée de sel. Faites cuire 5 min à feu moyen, puis ajoutez le cognac et le bouillon de bœuf. Laissez réduire de moitié à feu vif, puis ajoutez la crème et le poivre.

2. Mélangez, laissez cuire 2 à 3 min, puis ajoutez la fécule de maïs délayée dans l'eau. Remuez et poursuivez la cuisson environ 2 min jusqu'à ce que la sauce nappe la cuillère.

3. Déposez le rôti de bœuf dans le panier de l'Easy Fry avec 1 c. à soupe d'huile et l'eau. Faites cuire 10 min à 180 °C, salez le rôti et relancez la cuisson pour 10 min supplémentaires. Emballez le rôti dans du papier aluminium et récupérez le jus de cuisson. Lavez le panier de l'Easy Fry.

4. Déposez les pommes de terre dans le panier de l'Easy Fry et arrosez de 1 c. à soupe d'huile. Faites cuire 10 min à 200 °C, mélangez et relancez la cuisson pour 10 min supplémentaires. Parsemez de fleur de sel.

5. Réchauffez la sauce au poivre vert. Servez le rôti tranché accompagné de sauce et de pommes de terre rissolées.

Ingrédients

1,2 kg de bœuf à braiser en cubes

30 cl de vin rouge de Bourgogne

2 carottes en rondelles

1 oignon émincé
20 g de farine
1 gousse d'ail
1 cube de bouillon de bœuf

4 brins de persil ciselés
1 feuille de laurier
2 branches de thym
2 c. à soupe d'huile neutre
Sel, poivre

BŒUF BOURGUIGNON

6 personnes

20 MIN

1 H 45

1. Placez les carottes et l'oignon dans le panier de l'Easy Fry avec 1 c. à soupe d'huile. Faites cuire 5 min à 180 °C.

2. Remuez et ajoutez la viande dans le panier avec 1 c. à soupe d'huile, puis relancez la cuisson pour 5 min.

3. Mélangez et faites cuire de nouveau 5 min. Ajoutez la farine, versez le vin et mélangez.

4. Ajoutez la gousse d'ail en chemise, le thym et le laurier, salez, poivrez, émiettez le cube de bouillon, et couvrez d'eau à hauteur. Faites cuire 1 h 30 à 140 °C, en remuant la viande à mi-cuisson. Au moment de servir, parsemez de persil.

Ingrédients

1 kg de travers de porc

Pour la marinade

Le jus de 1 citron

½ c. à café de gingembre en poudre

80 g de miel

5 cl de sauce soja

½ c. à café de mélange quatre-épices

10 g de fécule de maïs

1 gousse d'ail hachée

2 c. à soupe d'huile d'olive

RIBS DE PORC LAQUÉS

4 personnes

20 MIN

3 H

50 MIN

1. Mélangez tous les ingrédients de la marinade dans une petite casserole. Portez à ébullition en mélangeant, laissez refroidir.

2. Badigeonnez les travers de porc de cette marinade dans un plat et laissez reposer 3 h minimum.

3. Placez les travers de porc dans le panier de l'Easy Fry et faites cuire 25 min à 160 °C. Retournez-les, ajoutez le reste de marinade et relancez la cuisson pour 25 min supplémentaires.

Astuce : servez accompagné de potatoes.

CROQUE-MADAME AU COMTÉ

2 personnes

15 MIN

20 MIN

Ingrédients

4 tranches de pain de mie (ou de pain de campagne)

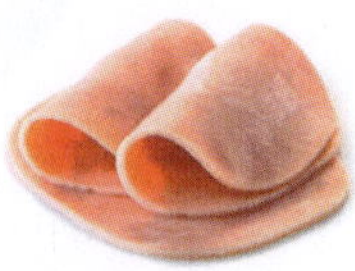

2 tranches de jambon découenné

50 g de comté râpé

2 tranches de fromage pour croque-monsieur

2 œufs

25 g de beurre ramolli

2 c. à soupe de lait

1 pincée de noix de muscade

Poivre

1. Beurrez les tranches de pain sur une seule face.

2. Posez 1 tranche de fromage et 1 tranche de jambon pliée en deux sur la face non beurrée d'une tranche de pain. Placez une autre tranche de pain dessus, face beurrée sur le haut.

3. Procédez de même pour former un second sandwich.

4. Dans un bol, mélangez le lait avec le comté, la muscade et du poivre. Répartissez ce mélange sur les croques.

5. Déposez-les dans le panier de l'Easy Fry tapissé de papier sulfurisé. Faites cuire 10 min à 180 °C puis retournez les croques et relancez la cuisson pour 10 min supplémentaires.

6. Pendant ce temps, faites cuire les œufs au plat dans une poêle beurrée. Déposez 1 œuf sur chaque croque.

Astuce : servez-les accompagnés de salade et de frites.

OPINEL
OPINEL

Ingrédients

2 saucisses de Montbéliard

350 g de lentilles vertes

2 carottes en petits dés

1 oignon émincé

1 feuille de laurier
1 clou de girofle
1 c. à soupe d'huile d'olive
Sel, poivre

SAUCISSES GRILLÉES ET LENTILLES AUX CAROTTES

4 personnes

15 MIN

30 MIN

1. Dans une cocotte, versez l'huile et faites-y revenir l'oignon et les rondelles de carottes 5 min.

2. Ajoutez les lentilles et couvrez d'eau. Ajoutez le laurier et le clou de girofle et laissez cuire 25 min environ. Salez et poivrez en fin de cuisson.

3. Pendant ce temps, mettez-les saucisses dans le panier de l'Easy Fry et faites-les cuire 10 min à 180 °C. Retournez les saucisses et relancez la cuisson pour 10 min supplémentaires. Servez accompagné des lentilles aux carottes.

Ingrédients

3 grosses pommes de terre à chair ferme coupées en tranches de 3 cm

70 g de cheddar râpé

3 tranches de bacon fumé

1 c. à soupe d'herbes de Provence

4 brins de persil ciselés

2 c. à soupe d'huile d'olive

Sel, poivre

POMMES DE TERRE GRATINÉES AU CHEDDAR ET BACON

2 personnes

20 MIN

35 MIN

1. Placez les tranches de bacon dans le panier de l'Easy Fry et faites cuire 5 min à 200 °C. Retournez les tranches et relancez la cuisson pour 5 min supplémentaires. Coupez le bacon en petites lamelles, puis lavez le panier.

2. Badigeonnez les tranches de pommes de terre d'huile d'olive, salez et poivrez. Parsemez d'herbes de Provence.

3. Déposez les tranches de pommes de terre dans le panier de l'Easy Fry et faites cuire 10 min à 180 °C. Retournez les tranches et poursuivez la cuisson 10 min.

4. Une fois les pommes de terre cuites, recouvrez-les de cheddar et de bacon coupé en lamelles puis poursuivez la cuisson 5 min à 180 °C, jusqu'à ce que le fromage soit fondant.

5. Parsemez de persil et servez.

Ingrédients

500 g d'échine de porc hachée

300 g de riz

1 cébette émincée

½ blanc de poireau émincé

1 gousse d'ail émincée

2 c. à soupe de chapelure

1 œuf

1 morceau de gingembre râpé (1 cm)

1 c. à soupe de sauce soja

1 c. à soupe d'huile neutre

Herbes fraîches au choix (facultatif)

Poivre

Pour la sauce teriyaki

10 cl de sauce soja

20 g de sucre brun

10 cl d'eau

1 c. à soupe de vinaigre de riz

1 morceau de gingembre râpé (1 cm)

1 c. à café de fécule de maïs

1 c. à soupe d'eau

BOULETTES DE PORC TERIYAKI

4 personnes

30 MIN

24 MIN

1. Préparez les boulettes : dans un saladier, mélangez la viande hachée, la cébette, l'ail, le poireau, la chapelure, l'œuf, le gingembre, la sauce soja et du poivre.

2. Lorsque le mélange est homogène, formez des boulettes à la main.

3. Déposez les boulettes dans le panier de l'Easy Fry, arrosez de l'huile et faites cuire 12 min à 180 °C. Retournez les boulettes et relancez la cuisson pour 12 min supplémentaires.

4. Faites cuire le riz en suivant les instructions du paquet.

5. Pendant ce temps, préparez la sauce : dans une grande casserole sur feu doux, faites chauffer la sauce soja, l'eau et le vinaigre de riz. Ajoutez le sucre et laissez-le fondre.

6. Ajoutez le gingembre râpé. Délayez la fécule de maïs dans l'eau et ajoutez-la à la casserole. Augmentez le feu et laissez cuire jusqu'à épaississement.

7. Lorsque les boulettes sont cuites, ajoutez-les dans la casserole, enrobez-les de sauce et servez-les accompagnées du riz, avec éventuellement quelques herbes.

Ingrédients

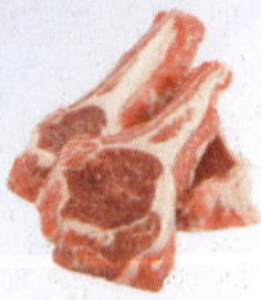

4 côtes d'agneau

250 g d'haricots blancs en boîte

2 c. à soupe de miel

2 gousses d'ail hachées

2 branches de romarin effeuillées

3 c. à soupe de sauce soja
2 c. à soupe d'huile d'olive
5 brins de persil ciselés
Sel, poivre

CÔTES D'AGNEAU MARINÉES ET HARICOTS BLANCS

2 personnes

15 MIN

1 H

20 MIN

1. Dans un bol, mélangez l'ail, le miel, les feuilles de romarin, la sauce soja, l'huile d'olive, du sel et du poivre. Enrobez les côtes d'agneau de cette préparation et laissez mariner 1 h.

2. Déposez les côtes dans le panier de l'Easy Fry et faites cuire 10 min à 180 °C. Retournez-les et relancez la cuisson pour 10 min supplémentaires.

3. Faites réchauffer à feu très doux les haricots blancs dans une casserole pendant 8 min, parsemez de persil ciselé et de poivre. Servez les côtelettes d'agneau avec les haricots.

Poissons

Ingrédients

2 pains à burgers

1 poignée de pousses d'épinards

4 rondelles d'oignon rouge

½ avocat en lamelles

6 rondelles de concombre

4 brins d'aneth ciselés

1 pot de sauce tartare

Pour les galettes de poisson

200 g de cabillaud sans peau haché

3 brins de ciboulette ciselés

Le zeste de ½ citron

2 c. à soupe de chapelure

1 œuf battu

1 c. à soupe d'huile d'olive

Sel, poivre

BURGERS DE POISSON

2 personnes

20 MIN

10 MIN

1. Préparez les galettes de poisson : dans un saladier, mélangez le cabillaud, l'œuf, la chapelure, la ciboulette, le zeste, du sel et du poivre.

2. Lorsque le mélange est homogène, formez deux galettes assez épaisses.

3. Placez les galettes dans le panier de l'Easy Fry avec l'huile d'olive et faites cuire 5 min à 180 °C. Retournez les galettes et faites cuire de nouveau 5 min.

4. Pendant ce temps, toastez les pains, puis tartinez chaque côté de sauce tartare.

5. Déposez sur la partie basse du pain à burger des épinards, de l'avocat, 2 rondelles d'oignon rouge, 1 galette de poisson, 3 rondelles de concombre et l'aneth. Salez, puis refermez avec l'autre moitié de pain.

6. Procédez de même pour le second burger.

Ingrédients

4 tortillas de blé complet

450 g de cabillaud sans peau

2 avocats en lamelles

1 petit oignon rouge émincé

50 g de pousses d'épinards
1 tomate en dés
Le jus de 1 citron
2 yaourts grecs
½ botte d'aneth ciselée
1 c. à café de piment de Cayenne
2 c. à soupe d'huile d'olive
Sel, poivre

WRAPS AU POISSON GRILLÉ ET AVOCAT

4 personnes

20 MIN

16 MIN

1. Dans un bol, mélangez le piment avec l'huile d'olive et le jus du citron.

2. Enduisez le poisson de ce mélange, placez-le dans le panier de l'Easy Fry et faites cuire 8 min à 200 °C. Retournez le poisson et poursuivez la cuisson 8 min supplémentaires afin de le griller. Coupez-le en dés.

3. Mélangez les yaourts grecs avec l'aneth, salez et poivrez.

4. Procédez au montage des wraps : étalez une couche de yaourt à l'aneth sur une tortilla.

5. Répartissez au centre quelques pousses d'épinards, des dés de tomate et de poisson. Ajoutez quelques lamelles d'avocat et d'oignon rouge.

6. Pliez le wrap en rabattant les côtés puis roulez la tortilla de bas en haut.

7. Procédez de même pour obtenir quatre wraps.

is unrelated to the
French fry, as the
in the region until
given the economic
century: "it is absolutely
fat for cooking
were sautéed in a
believe that the
the Belgian duty
French fries were

Ingrédients

2 filets de poisson blanc sans arrête (150 g chacun)

8 cl de bière blonde

60 g de farine

1 c. à soupe de fécule de maïs

1 grosse pincée de levure chimique

½ c. à café de paprika doux

1 c. à soupe d'huile de friture

Sel, poivre

FISH & CHIPS À LA BIÈRE

2 personnes

20 MIN

15 MIN

1. Farinez les filets de poisson. Retirez l'excédent, salez et poivrez.

2. Dans un saladier, mélangez le reste de la farine, la fécule, la levure et le paprika.

3. Creusez un puits au centre, versez petit à petit la bière et mélangez-la à la farine à l'aide d'une fourchette. La pâte doit être assez liquide, comme une pâte à crêpes.

4. Plongez les poissons dans le saladier de pâte, puis placez-les dans le panier de l'Easy Fry avec l'huile et faites cuire 10 min à 180 °C. Retournez les poissons et poursuivez la cuisson 5 min.

Astuce : dégustez accompagnés de frites et de sauce tartare.

SAUMON GRILLÉ AU PESTO ET PIGNONS

Ingrédients

2 pavés de saumon sans peau

15 feuilles de basilic

20 g de pignons de pin

2 tomates pelées, épépinées et coupées en brunoise

1 échalote émincée

1 gousse d'ail écrasée

2,5 cl d'huile d'olive + 1 c. à soupe

Sel, poivre

2 personnes

20 MIN

12 MIN

1. Placez l'ail dans un mini-hachoir avec 10 feuilles de basilic, 2,5 cl d'huile d'olive, du sel et du poivre. Mixez pour obtenir un pesto.

2. Faites griller les pignons 2 min dans une poêle sans matière grasse, ajoutez-les au pesto. Ajustez l'assaisonnement si nécessaire.

3. Nappez les pavés de saumon de pesto et de pignons. Déposez les pavés dans le panier de l'Easy Fry et faites-les cuire 10 min à 180 °C.

4. Placez la brunoise de tomates dans un petit bol avec les feuilles restantes de basilic ciselées et 1 c. à soupe d'huile d'olive. Salez et poivrez. Servez ce condiment avec les poissons grillés.

Ingrédients

2 pavés de truite sans peau

240 g de brocoli en bouquets

150 g de pâte miso

2,5 cl de sauce soja

1 c. à soupe de graines de sésame

1 c. à soupe de curry en poudre

1 c. à soupe d'huile d'olive

1 c. à soupe d'eau

Sel, poivre

TRUITE MISO ET BROCOLI AU CURRY

2 personnes

20 MIN

1 H

26 MIN

1. Dans une assiette creuse, mélangez la sauce soja, l'eau et la pâte miso. Plongez-y la truite et laissez-la mariner 1 h.

2. Placez les bouquets de brocoli dans le panier de l'Easy Fry avec l'huile d'olive, le curry, du sel et du poivre. Mélangez bien l'ensemble.

3. Faites cuire 8 min à 180 °C, mélangez et relancez la cuisson 8 min supplémentaires. Réservez les brocolis cuits, rincez et séchez le panier.

4. Déposez les pavés de truite dans le panier de l'Easy Fry (réservez la marinade) et faites cuire 10 min à 180 °C.

5. Parsemez les poissons de graines de sésame et servez avec les brocolis et le reste de marinade.

Ingrédients

250 g de haddock fumé coupé en morceaux

1 petit poireau ciselé

1 grosse pomme de terre à purée coupée en cubes

1 échalote ciselée

½ bouquet de ciboulette ciselé

12,5 cl de vin blanc

10 cl de crème liquide

½ cube de bouillon de légumes

1 c. à soupe de chapelure

2 c. à soupe d'huile d'olive

50 cl d'eau

Sel, poivre

GRATIN DE HADDOCK

2 personnes

20 MIN

35 MIN

1. Versez l'huile d'olive dans le panier de l'Easy Fry, ajoutez l'échalote et le poireau, puis laissez cuire 5 min à 160 °C. Mélangez.

2. Ajoutez le vin blanc, la pomme de terre et le cube de bouillon.

3. Recouvrez de l'eau et relancez la cuisson 15 min à 160 °C. Salez et poivrez.

4. Ajoutez la crème liquide, le haddock et la ciboulette. Mélangez et versez dans des ramequins individuels. Parsemez de chapelure.

5. Déposez les ramequins dans le panier de l'Easy Fry lavé et faites cuire 15 min à 180 °C.

Astuce : servez avec une salade de pousses d'épinards.

Ingrédients

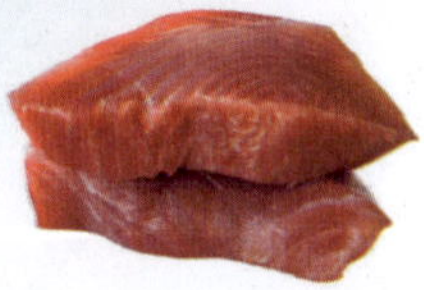

300 g de thon rouge
3 brins de coriandre ciselés

Pour la marinade

3 c. à soupe de sauce soja

2 c. à soupe d'huile de sésame

3 cm de gingembre râpé

Zeste et jus de 1 citron vert

3 c. à soupe de graines de sésame

TATAKI DE THON AU SÉSAME

2 personnes

15 MIN
1 H
10 MIN

1. Préparez la marinade en mélangeant tous les ingrédients, sauf le sésame.

2. Faites mariner le thon dans cette préparation 1 h au frais.

3. Roulez le thon dans les graines de sésame pour l'enrober.

4. Déposez le poisson dans le panier de l'Easy Fry et faites-le cuire 5 min à 180 °C. Retournez-le et poursuivez la cuisson 5 min supplémentaires.

5. Coupez le thon en tranches fines, arrosez du jus de cuisson et parsemez de coriandre.

Astuce : servez accompagné de riz.

Ingrédients

500 g d'anneaux de calamar

125 g de farine

2 blancs d'œufs

1 œuf

15 cl de bière

2 c. à soupe d'huile neutre
½ c. à café de sel + 1 pincée

CALAMARS À LA ROMANA

15 beignets

20 MIN

1 H

12 MIN

1. Dans un saladier, versez la farine, faites un puits, versez la bière, le sel et l'œuf entier.

2. Mélangez à l'aide d'un fouet en incorporant la farine progressivement. La pâte doit être assez liquide et homogène.

3. Versez 1 c. à soupe d'huile à la surface de la pâte, filmez et réservez 1 h au frais.

4. Montez les blancs en neige très ferme avec 1 pincée de sel. Incorporez-les délicatement dans la pâte à beignet.

5. Trempez les anneaux de calamar dans cette pâte. Déposez-les dans le panier de l'Easy Fry, ajoutez la cuillère d'huile restante et faites cuire 8 anneaux 3 min à 200 °C. Retournez les anneaux et relancez la cuisson pour 3 min supplémentaires. Faites cuire les anneaux restants de la même façon.

Astuce : dégustez accompagné d'une sauce tartare.

Ingrédients

250 g de penne

450 g de crevettes crues décortiquées

2 c. à soupe d'épices Cajun

20 cl de crème liquide

70 g de parmesan râpé
2 brins d'aneth ciselés

2 c. à soupe d'huile d'olive
Sel, poivre

PÂTES AUX CREVETTES ET ÉPICES CAJUN

4 personnes

20 MIN

15 MIN

1. Dans une casserole, faites cuire les pâtes *al dente* dans un grand volume d'eau bouillante salée selon les instructions du paquet. Avant d'égoutter, conservez une louche d'eau de cuisson. Égouttez les pâtes et réservez.

2. Pendant ce temps, dans un bol, mélangez les crevettes avec l'huile d'olive et les épices Cajun.

3. Déposez-les dans le panier de l'Easy Fry et faites cuire 5 min à 180 °C. Ajoutez la crème et relancez la cuisson pour 5 min.

4. Salez et poivrez, mélangez et ajoutez l'eau de cuisson des pâtes, le parmesan et les pâtes. Mélangez bien l'ensemble et faites cuire de nouveau 5 min à 160 °C. Servez aussitôt parsemé d'aneth.

Ingrédients

300 g de crevettes cuites décortiquées

1 c. à soupe de curry en poudre

400 g de lait de coco

350 g de julienne de légumes surgelés

3 c. à soupe de sauce nuoc-mâm

Quelques brins de coriandre ciselés

1 c. à soupe d'huile d'arachide

Sel, poivre

WOK DE CREVETTES AU CURRY ET LÉGUMES

4 personnes

15 MIN

25 MIN

1. Placez les légumes encore congelés dans le panier de l'Easy Fry avec l'huile et faites cuire 5 min à 180 °C.

2. Remuez et ajoutez le nuoc-mâm, le curry et le lait de coco. Prolongez la cuisson 10 min à 160 °C.

3. Ajoutez les crevettes, salez, poivrez et mélangez. Poursuivez la cuisson 5 min.

4. Parsemez de coriandre avant de servir.

Astuce : pour une touche sucrée, ajoutez des morceaux de mangue.

Veggie

Ingrédients

500 g de pommes de terre en rondelles fines

15 cl de crème liquide

10 cl de lait entier

1 noix de beurre

1 gousse d'ail

1 pincée de noix de muscade

Sel, poivre

GRATIN DAUPHINOIS

2 personnes

15 MIN

40 MIN

1. Frottez un petit plat à gratin avec la gousse d'ail, puis beurrez-le.

2. Disposez une couche de pommes de terre dans le plat, salez, poivrez, ajoutez un peu de muscade, et répétez l'opération jusqu'à épuisement des pommes de terre.

3. Mélangez la crème et le lait, versez-les sur les pommes de terre, puis déposez le plat dans le panier de l'Easy Fry et faites cuire 40 min à 160 °C.

Astuce : servez accompagné d'une salade verte.

Ingrédients

1 chou-fleur
coupé en bouquets

2 œufs

50 g de farine

50 g de parmesan

50 g de chapelure

1 c. à soupe bombée
d'épices Cajun

2 c. à soupe d'huile d'olive

1 c. à café de sel

CHOU-FLEUR RÔTI AU PARMESAN

4 personnes

15 MIN

30 MIN

1. Mélangez la chapelure avec le parmesan et l'huile d'olive dans un bol.

2. Dans un saladier, mélangez les œufs battus, la farine, les épices Cajun et le sel.

3. Ajoutez les bouquets de chou-fleur dans le saladier avec les œufs, mélangez bien le tout.

4. Ajoutez la préparation au parmesan et mélangez de nouveau.

5. Placez le chou-fleur dans le panier de l'Easy Fry et faites cuire 15 min à 180 °C. Mélangez et relancez la cuisson pour 15 min supplémentaires.

Ingrédients

1 pâte à pizza fine et rectangulaire

100 g de mozzarella râpée

50 g d'emmental râpé

50 g d'olives noires dénoyautées et coupées en morceaux

1 c. à soupe d'herbes de Provence

Sel, poivre

PIZZA ROLLS AUX FROMAGES ET OLIVES

4 personnes

20 MIN

20 MIN

20 MIN

1. Parsemez la pâte à pizza de la mozzarella râpée, de l'emmental, de sel, de poivre, des herbes de Provence et des olives.

2. Enroulez la pâte à l'aide du papier sulfurisé afin de former un boudin. Emballez-le dans du papier aluminium et placez-le 20 min au congélateur.

3. Déballez le boudin, coupez des tronçons de 2 cm d'épaisseur et déposez-les dans le panier de l'Easy Fry tapissé de papier sulfurisé.

4. Faites cuire 10 min à 180 °C. Retournez les rolls et poursuivez la cuisson pour 10 min supplémentaires.

Ingrédients

2 épis de maïs sous vide

20 g de beurre fondu

2 brins de persil ciselés

Fleur de sel, poivre

MAÏS GRILLÉ AU BEURRE

2 personnes

5 MIN

20 MIN

1. Badigeonnez les épis de beurre fondu, salez et poivrez.

2. Placez-les dans le panier de l'Easy Fry et faites cuire 10 min à 180 °C. Retournez-les et relancez la cuisson pour 10 min supplémentaires.

3. Parsemez de persil et dégustez bien chaud sur des piques en bois.

by John doe

Ingrédients

220 g de macaroni

175 g de cheddar râpé

75 g d'emmental râpé

35 g de farine

35 cl de lait entier

12 cl de crème liquide entière

35 g de beurre + 1 noix

1 filet d'huile d'olive

Sel, poivre

MAC & CHEESE GRATINÉ

2 personnes

20 MIN

35 MIN

1. Faites cuire les pâtes *al dente* dans une grande casserole d'eau bouillante salée en suivant les recommandations du paquet. Égouttez les pâtes et placez-les dans un grand saladier avec l'huile d'olive. Mélangez bien.

2. Dans un saladier mélangez les deux fromages. Réservez une petite poignée.

3. Mélangez le lait et la crème dans un récipient. Dans une grande casserole, faites fondre les 35 g de beurre. Ajoutez la farine et mélangez sans cesse à l'aide d'un fouet. Ajoutez le mélange crème/lait petit à petit en laissant épaissir. Salez et poivrez. Baissez le feu.

4. Ajoutez le mélange de fromages à la béchamel et mélangez jusqu'à ce que le fromage ait complètement fondu. La préparation doit être bien épaisse. Versez-la sur les pâtes et mélangez pour enrober toutes les pâtes.

5. Beurrez un petit plat à gratin et versez-y les pâtes. Saupoudrez du fromage restant. Déposez le plat dans le panier de l'Easy Fry et faites cuire 15 min à 180 °C.

TOMATES FARCIES AU QUINOA, CHÈVRE ET PESTO

4 personnes

25 MIN

35 MIN

Ingrédients

4 grosses tomates rondes pas trop mûres

120 g de quinoa

150 g de fromage de chèvre frais en dés

4 tomates séchées en dés

1 c. à soupe d'huile d'olive

Sel, poivre

Pour le pesto

60 g d'amandes

15 feuilles de basilic

1 gousse d'ail

1,5 cl huile d'olive

1. Coupez le haut des tomates pour former les chapeaux, puis videz-les à l'aide d'une cuillère. Salez l'intérieur des tomates et retournez-les sur une grille afin qu'elles dégorgent.

2. Rincez le quinoa, faites-le cuire 10 min dans une casserole d'eau bouillante salée. Égouttez. Déposez le quinoa dans le panier de l'Easy Fry avec les tomates séchées, le fromage de chèvre, l'huile d'olive et du poivre. Mélangez et faites cuire 5 min à 160 °C.

3. Répartissez cette farce dans les tomates et lavez le panier.

4. Préparez le pesto : faites dorer les amandes 5 min dans une poêle sans matière grasse.

5. Placez-les dans un petit mixeur avec le basilic, l'huile d'olive et l'ail. Mixez jusqu'à ce que la préparation soit homogène. Ajoutez le pesto sur la farce des tomates et replacez les chapeaux en les piquant avec un cure-dent.

6. Déposez les tomates dans le panier de l'Easy Fry et faites cuire 15 min à 180 °C.

Ingrédients

1 aubergine en dés

2 courgettes en dés

500 g de tomates concassées en conserve

1 poivron en dés

1 oignon émincé

4 œufs

2 gousses d'ail émincées

2 branches de thym + quelques feuilles

1 feuille de laurier

½ c. à café de piment d'Espelette

4 c. à soupe d'huile d'olive

Sel, poivre

RATATOUILLE AUX ŒUFS

4 personnes

30 MIN

45 MIN

1. Déposez l'oignon, l'ail et le poivron dans le panier de l'Easy Fry avec 1 c. à soupe d'huile d'olive et faites cuire 5 min à 180 °C. Mélangez.

2. Ajoutez les courgettes et l'aubergine avec 2 c. à soupe d'huile d'olive et remuez l'ensemble. Faites cuire 10 min à 160 °C.

3. Mélangez et ajoutez les tomates, le thym, le laurier, le piment, du sel et du poivre.

4. Faites cuire 15 min à 160 °C, mélangez et relancez la cuisson pour 15 min supplémentaires.

5. Pendant ce temps, faites cuire les œufs au plat dans une poêle avec un peu d'huile.

6. Servez la ratatouille dans quatre assiettes creuses et répartissez les œufs. Décorez de quelques feuilles de thym.

CRUMBLE DE BUTTERNUT AU PARMESAN

2 personnes

15 MIN

35 MIN

Ingrédients

500 g de butternut coupé en cubes

30 g de parmesan râpé

50 g de farine

50 g d'amandes en poudre

50 g de beurre demi-sel froid en dés

1 branche de thym effeuillée

1 gousse d'ail en chemise écrasée

2 pincées de piment d'Espelette

1 c. à soupe d'huile d'olive

Sel, poivre

1. Placez les cubes de butternut dans le panier de l'Easy Fry avec les feuilles de thym et l'ail.

2. Salez, poivrez, versez l'huile d'olive et faites cuire 15 min à 180 °C, en remuant à mi-cuisson.

3. Pendant ce temps, mélangez la farine avec le parmesan râpé et les amandes en poudre, ajoutez le piment d'Espelette et le beurre, puis mélangez du bout des doigts afin d'obtenir une texture sableuse.

4. Une fois la courge cuite, mettez les cubes dans un petit plat à gratin et lavez le panier de l'Easy Fry.

5. Parsemez la pâte à crumble sur le butternut et placez le plat dans le panier de l'Easy Fry. Faites cuire 20 min à 180 °C.

FALAFELS AUX HERBES

16 pièces

20 MIN

12 H

40 MIN

Ingrédients

350 g de pois chiches secs

1 oignon émincé

1 petite botte de persil hachée

5 brins de menthe hachés

1 petite botte de coriandre hachée

½ c. à café de cardamome moulue

1 c. à café de cumin en poudre

2 gousses d'ail émincées

1 sachet de levure chimique

1 ½ c. à soupe bombée de farine

2 c. à soupe d'huile d'olive

1 c. à café de sel

Poivre

1. La veille, faites tremper les pois chiches dans un saladier d'eau froide pour 12 h minimum. Égouttez-les et séchez-les.

2. Mixez tous les ingrédients ensemble, sauf l'huile d'olive, jusqu'à obtenir une pâte sableuse : les pois chiches, l'oignon, l'ail, les herbes, les épices, le sel, du poivre, la farine et la levure.

3. À l'aide d'une cuillère à glace, formez des boules de pâte.

4. Déposez-en la moitié dans le bol de l'Easy Fry avec 1 c. à soupe d'huile d'olive et faites cuire 10 min à 180 °C. Retournez les boulettes et poursuivez la cuisson pour 10 min. Procédez de la même façon pour le reste des falafels.

Astuce : servez accompagné de pain semoule, de houmous et de taboulé.

SALADE D'HALLOUMI GRILLÉ

4 personnes

20 MIN

36 MIN

Ingrédients

200 g d'halloumi en tranches

½ chou rouge émincé

1 avocat en dés

50 g de mesclun

1 petite patate douce en cubes

Le jus de 1 citron

Les graines de ½ grenade

5 brins de coriandre ciselés

4 c. à soupe d'huile d'olive

Sel, poivre

1. Placez les cubes de patate douce dans le panier de l'Easy Fry, arrosez de 1 c. à soupe d'huile d'olive, salez et poivrez.

2. Faites cuire 10 min 180 °C, remuez et poursuivez la cuisson pour 10 min supplémentaires. Réservez, lavez et séchez le panier.

3. Déposez les tranches de fromage dans le panier de l'Easy Fry, arrosez de 1 c. à soupe d'huile d'olive et faites cuire 8 min à 180 °C.

4. Retournez les tranches et relancez la cuisson pour 8 min, le fromage doit être bien doré.

5. Dans un saladier, placez le mesclun, le chou rouge, la patate douce, l'avocat et l'halloumi grillé. Ajoutez les graines de grenade et la coriandre.

6. Salez et poivrez. Arrosez de jus de citron et d'huile d'olive.

Ingrédients

250 g de pousses d'épinards

6 œufs

2 c. à soupe de fécule de maïs

10 cl de lait

2 c. à soupe bombées de parmesan râpé

1 grosse pincée de piment d'Espelette

1 c. d'huile d'olive

Sel, poivre

FRITTATA AUX ÉPINARDS

4 personnes

10 MIN

22 MIN

1. Blanchissez les épinards 2 min dans l'eau bouillante, jusqu'à ce qu'ils ramollissent, puis égouttez et essorez-les.

2. Battez les œufs avec la fécule de maïs, le parmesan, le lait, le piment, du sel et du poivre, puis ajoutez les épinards. Mélangez de nouveau.

3. Huilez le panier de l'Easy Fry et versez-y la préparation.

4. Faites cuire 10 min à 180 °C, puis retournez la frittata dans un plat, remettez-la dans le panier sur l'autre face et relancez la cuisson pour 10 min supplémentaires.

Ingrédients

2 courgettes en rondelles

1 c. à soupe de curry en poudre

10 feuilles de basilic ciselées

2 œufs

20 cl de crème liquide

1 oignon émincé
1 gousse d'ail émincée
1 c. à soupe bombée de parmesan râpé
2 c. à soupe d'huile d'olive
Sel, poivre

GRATIN DE COURGETTES AU CURRY ET BASILIC

4 personnes

20 MIN

40 MIN

1. Placez l'oignon et l'ail dans le panier de l'Easy Fry avec 1 c. à soupe d'huile d'olive.

2. Faites cuire 5 min à 160 °C et remuez.

3. Ajoutez les courgettes dans le panier avec le curry, 1 c. à soupe d'huile d'olive, du sel et du poivre. Mélangez et faites cuire 10 min à 160 °C. Remuez et relancez la cuisson pour 10 min. Réservez et lavez le panier.

4. Dans un saladier, fouettez les œufs, ajoutez la crème, le parmesan et le basilic. Salez et poivrez, puis mélangez le tout afin d'obtenir un appareil lisse.

5. Ajoutez les courgettes dans ce mélange et versez dans un petit plat à gratin.

6. Placez le plat dans le panier de l'Easy Fry et faites cuire 15 min à 180°C.

Astuce : dégustez le gratin avec une salade verte.

Ingrédients

1 aubergine en tranches de 0,5 cm d'épaisseur

400 g de tomates pelées en conserve

2 c. à soupe de parmesan râpé

½ oignon émincé

10 feuilles de basilic ciselées

1 c. à café d'origan séché

1 gousse d'ail émincée

2 c. à soupe de chapelure

3 c. à soupe d'huile d'olive

Sel, poivre

AUBERGINE À LA PARMIGIANA

2 personnes

25 MIN

1 H 10

1. Badigeonnez les rondelles d'aubergine d'huile d'olive, salez et poivrez.

2. Déposez-les dans le panier de l'Easy Fry et faites-les cuire 8 min à 180 °C. Retournez les tranches et relancez la cuisson pour 8 min supplémentaires.

3. Réservez. Placez l'ail et l'oignon dans le panier de l'Easy Fry avec 1 c. à soupe d'huile d'olive et faites cuire 3 min à 180 °C .

4. Ajoutez les tomates pelées et l'origan, salez et poivrez, puis faites cuire 8 min à 160 °C. Remuez et relancez la cuisson pour 8 min supplémentaires.

5. Disposez les aubergines dans un petit plat à gratin, ajoutez la sauce aux tomates dessus, répartissez le basilic. Mélangez le parmesan râpé et la chapelure et parsemez-en le gratin.

6. Lavez le panier de l'Easy Fry, puis placez-y le plat à gratin. Faites cuire 35 min à 160 °C.

Desserts

Ingrédients

150 g de chocolat noir en morceaux

70 g de noix hachées grossièrement

100 g de beurre demi-sel en dés

2 œufs

80 g de sucre

1 sachet de sucre vanillé

50 g de farine

Glace à la vanille

BROWNIE CHOCOLAT - NOIX

4 personnes

15 MIN

20 - 25 MIN

1. Faites fondre le chocolat et le beurre au bain-marie ou au four à micro-ondes.

2. Dans un saladier, battez les œufs avec les sucres jusqu'à ce que le mélange blanchisse, puis incorporez la farine.

3. Ajoutez le mélange beurre-chocolat et remuez bien l'ensemble. Ajoutez 50 g de noix hachées, mélangez de nouveau.

4. Versez la pâte dans un petit moule en silicone et étalez-la à l'aide d'une spatule. Placez le moule dans le panier de l'Easy Fry et faites cuire 15 à 20 min à 160 °C, selon la taille de votre moule.

5. Dégustez accompagné d'une glace à la vanille et du reste de noix.

Ingrédients

4 tranches de brioche

6 cl de boisson végétale à l'amande

1 œuf

6 c. à soupe de sucre de canne

1 c. à café de vanille en poudre

1 c. à café de beurre

BRIOCHE PERDUE À L'AMANDE

4 personnes

15 MIN

16 MIN

1. Dans une assiette creuse, fouettez l'œuf avec 4 c. à soupe de sucre de canne. Ajoutez la boisson végétale à l'amande et mélangez de nouveau.

2. Trempez chaque tranche de brioche dans le mélange.

3. Tapissez l'intérieur du panier de l'Easy Fry de papier sulfurisé et déposez -y les tranches de brioche. Ajoutez le beurre dessus.

4. Faites cuire 8 min à 180 °C. Retournez les tranches et saupoudrez-les du sucre restant. Relancez la cuisson pour 8 min supplémentaires.

Astuce : pour un petit déjeuner complet, dégustez accompagné de yaourt grec, de noix de pécan et de fruits rouges.

Ingrédients

250 g de confiture de framboises

25 cl de lait entier tiède

50 g de sucre semoule

1 gros œuf

60 g de beurre fondu

450 g de farine

21 g de levure fraîche émiettée

1 c. à soupe de sucre glace

3 c. à soupe d'huile de colza

½ c. à café de sel

BEIGNETS À LA FRAMBOISE

10 beignets

30 MIN

1 H

10 MIN

1. Dans le bol d'un robot muni du crochet, mélangez le lait, le sucre semoule et la levure. Laissez reposer 5 min.

2. Ajoutez le sel, l'œuf, le beurre et la farine dans le bol. Pétrissez 5 min environ, la pâte doit être élastique et lisse. Couvrez le bol d'un torchon et laissez la pâte lever 30 min dans un endroit chaud, à l'abri des courants d'air.

3. Étalez la pâte sur le plan de travail fariné à 2 cm d'épaisseur environ. Utilisez un emporte-pièce pour découper les beignets.

4. Placez les beignets sur une feuille de papier sulfurisé et recouvrez d'un torchon. Laissez-les lever jusqu'à ce qu'ils aient doublé de volume, 30 min environ.

5. Préchauffez l'Easy Fry 5 min à 180 °C. Disposez 5 beignets dans le panier de l'Easy Fry recouvert de papier sulfurisé, puis ajoutez 1 c. à soupe d'huile et faites cuire 5 min. Faites cuire les beignets en plusieurs fois.

6. Laissez-les refroidir sur une grille. Remplissez une poche à douille de confiture et fourrez chaque beignet sur le côté d'un peu de confiture. Badigeonnez les dessus des beignets d'un peu d'huile de colza et saupoudrez de sucre glace.

DONUTS COLORÉS

10 donuts

30 MIN

1 H

10 MIN

Ingrédients

12,5 cl de lait entier tiède

50 g de sucre

20 g de levure fraîche

1 gros œuf

60 g de beurre fondu

450 g de farine

½ c. à café de sel

Pour le glaçage

300 g de sucre glace

3 c. à soupe de lait

1 petite pincée de sel

Quelques gouttes de colorant alimentaire rouge

Quelques perles de sucre colorées

1. Dans le bol d'un robot muni du crochet, mélangez le lait et le sucre. Émiettez la levure dedans et laissez reposer 5 min.

2. Ajoutez le sel, l'œuf, le beurre et la farine dans le bol. Pétrissez environ 5 min, la pâte doit être élastique et lisse. Couvrez le bol d'un torchon et laissez la pâte lever 30 min dans un endroit chaud, à l'abri des courants d'air.

3. Étalez la pâte sur le plan de travail fariné à 2 cm d'épaisseur. Coupez les donuts avec un emporte-pièce rond et faites un trou au milieu avec un emporte-pièce plus petit.

4. Déposez les donuts sur du papier sulfurisé et recouvrez d'un torchon. Laissez-les lever 30 min environ, jusqu'à ce qu'ils aient doublé de volume.

5. Préchauffez l'Easy Fry 5 min à 180 °C. Déposez 5 donuts dans le panier de l'Easy Fry avec leur papier sulfurisé et faites cuire 5 min à 180 °C. Procédez de même avec le reste des donuts. Après cuisson, laissez-les refroidir sur une grille.

6. Pour le glaçage, mélangez le sucre glace, le lait et le sel jusqu'à ce que la consistance soit lisse. Ajoutez quelques gouttes de colorant alimentaire et remuez de nouveau. Trempez le dessus des donuts dedans, puis déposez-les sur la grille, parsemez de perles et laissez sécher si besoin.

Ingrédients

250 g de farine

2 c. à soupe d'huile d'olive

1 pincée de bicarbonate

1 filet d'huile de tournesol

1 c. à soupe de sucre

1 c. à soupe de cannelle
28 cl d'eau bouillante
1 c. à café de sel

CHURROS
À LA CANNELLE

20 churros

30 MIN

30 MIN

20 MIN

1. Mélangez tous les ingrédients secs, sauf le sucre et la cannelle. Ajoutez l'huile d'olive et l'eau bouillante, mélangez énergiquement. La pâte doit être collante. Ajoutez un peu d'eau si besoin.

2. Placez la pâte dans une poche à douille munie d'un embout large et cannelé, puis laissez reposer 30 min au frais.

3. Préchauffez l'Easy Fry 5 min à 180 °C. Pendant ce temps, réalisez des bâtonnets de pâte de 10 cm de long sur deux feuilles de papier sulfurisé. Badigeonnez-les d'huile de tournesol.

4. Déposez dix bâtonnets de pâte dans le panier de l'Easy Fry sur leur papier et faites cuire 5 min. Retournez les churros et poursuivez la cuisson pour 5 min supplémentaires. Répétez l'opération avec le reste des churros.

5. Mélangez le sucre et la cannelle, puis saupoudrez-en les churros.

Astuce : dégustez accompagnés d'une sauce au chocolat.

Ingrédients

3 bananes bien mûres

50 g de noix de pécan grossièrement hachées

60 g de chocolat noir grossièrement haché

180 g de farine

1 gros œuf

60 g de beurre ramolli

150 g de sucre

12 cl de lait

¾ de c. à café de levure

¾ de c. à café de bicarbonate de soude

½ c. à café de cannelle

1 c. à soupe de jus de citron

1 pincée de sel

BANANA BREAD AUX NOIX DE PÉCAN ET CHOCOLAT

4 personnes

20 MIN

40 MIN

1. Beurrez un moule à cake. Dans un saladier, mélangez la farine, la levure, le bicarbonate, la cannelle et le sel. Ajoutez les noix de pécan et le chocolat, puis mélangez.

2. Dans un autre saladier, mélangez le beurre et le sucre au batteur électrique jusqu'à l'obtention d'une texture mousseuse. Ajoutez l'œuf et fouettez de nouveau.

3. Écrasez 2 bananes en purée à l'aide d'une fourchette et ajoutez-les au mélange. Remuez.

4. Mélangez le lait et le jus de citron, puis versez-les dans le saladier avec les bananes. Remuez. Incorporez enfin les ingrédients secs, puis versez la préparation dans le moule.

5. Coupez la banane restante en deux dans le sens de la longueur et enfoncez légèrement les moitiés dans la pâte.

6. Placez le moule dans le panier de l'Easy Fry et faites cuire 40 min à 160 °C. Laissez tiédir avant de démouler.

Ingrédients

100 g de chocolat noir haché

75 g de beurre demi-sel ramolli

85 g de sucre

150 g de farine

1 c. à café de levure chimique

1 œuf

COOKIES
AU CHOCOLAT

15 cookies

15 MIN

40 MIN

1. Dans un saladier, mélangez le beurre, le sucre et l'œuf. Dans un bol, mélangez la farine avec la levure, puis ajoutez-les au saladier.

2. Mélangez l'ensemble, terminez en ajoutant le chocolat haché et remuez. Formez des petites boules à l'aide d'une cuillère à glace.

3. Tapissez le fond du panier de l'Easy Fry de papier sulfurisé et déposez quatre boules de pâte bien espacées. Faites cuire 10 min à 160 °C.

4. Répétez l'opération avec le reste de pâte. Laissez refroidir les cookies sur une grille.

Ingrédients

25 cl de lait de coco

80 g de noix de coco râpée

50 g d'huile de coco

2 œufs
90 g de sucre de canne
200 g de farine
1 c. à café de vanille en poudre
½ sachet de levure chimique
1 pincée de sel

Glaçage

20 cl de crème de coco
2 c. à café de sirop d'érable
2 c. à soupe d'amandes effilées

GÂTEAU À LA NOIX DE COCO

4 personnes

20 MIN

43 MIN

1. Dans un saladier, mélangez le lait de coco, l'huile, le sucre, la vanille en poudre et les œufs.

2. Dans un autre récipient, mélangez la farine, la levure, la noix de coco râpée et le sel. Ajoutez ce mélange dans le lait de coco, puis fouettez le tout pour obtenir une préparation homogène.

3. Versez la pâte obtenue dans un petit moule à manqué en silicone. Placez-le dans le panier de l'Easy Fry et faites cuire 40 min à 160 °C.

4. Vérifiez la cuisson en plantant la lame d'un couteau : elle doit ressortir sèche. Laissez refroidir le gâteau avant de le démouler.

5. Préparez le glaçage en mélangeant la crème de coco et le sirop d'érable. Faites torréfier les amandes 3 min dans une poêle à feu moyen, en remuant régulièrement.

6. Étalez le glaçage sur le gâteau à l'aide d'une cuillère et parsemez d'amandes grillées.

Ingrédients

400 g de mélange de fruits rouges surgelés

1 c. à soupe bombée d'amandes en poudre

1 c. à soupe bombée de noisettes en poudre

70 g de farine

60 g de beurre demi-sel

70 g de sucre de canne

1 c. à café de vanille en poudre

1 pincée de cannelle

CRUMBLE DE FRUITS ROUGES AUX AMANDES ET NOISETTES

2 personnes

15 MIN

20 MIN

1. Dans un saladier, mélangez la farine avec la cannelle, les amandes et noisettes en poudre, le sucre et la vanille en poudre.

2. Ajoutez le beurre coupé en morceaux et mélangez du bout des doigts l'ensemble afin d'obtenir une pâte sableuse.

3. Placez les fruits dans un petit plat à gratin et émiettez la pâte dessus.

4. Déposez le plat dans le panier de l'Easy Fry et faites cuire 20 min à 180 °C.

Ingrédients

2 pommes en fines lamelles

250 g de ricotta écrasée

250 g de farine

150 g de sucre

10 cl de lait

2 œufs
1 sachet de levure chimique
Sucre glace

GÂTEAU AUX POMMES
ET RICOTTA

4 personnes

20 MIN

1 H

1. Mélangez la farine, le sucre et la levure dans un saladier, ajoutez les œufs et le lait, puis mélangez le tout.

2. Ajoutez la ricotta dans la préparation, mélangez de nouveau. Ajoutez les pommes dans la pâte et remuez.

3. Versez la préparation dans un petit moule en silicone et placez-le dans le panier de l'Easy Fry. Faites cuire 40 min à 160 °C.

4. Démoulez délicatement le gâteau, puis remettez-le dans le moule et dans le panier de l'Easy Fry. Relancez la cuisson pour 20 min.

Moulinex

Index

DÉCOUVREZ LA COLLECTION
« MES PETITS Moulinex »,
DES RECETTES CRÉÉES SPÉCIALEMENT
POUR TOUS VOS ROBOTS PRÉFÉRÉS !

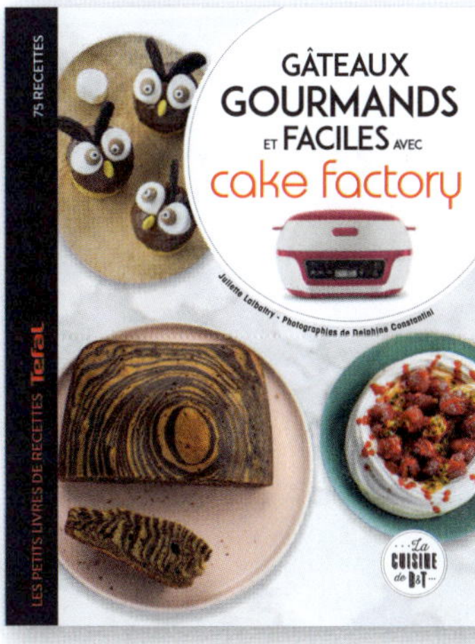

75 RECETTES
LES PETITS LIVRES DE RECETTES Tefal
GÂTEAUX GOURMANDS ET FACILES AVEC
cake factory
Juliette Lalbaltry - Photographies de Delphine Constantini
La CUISINE de D&T

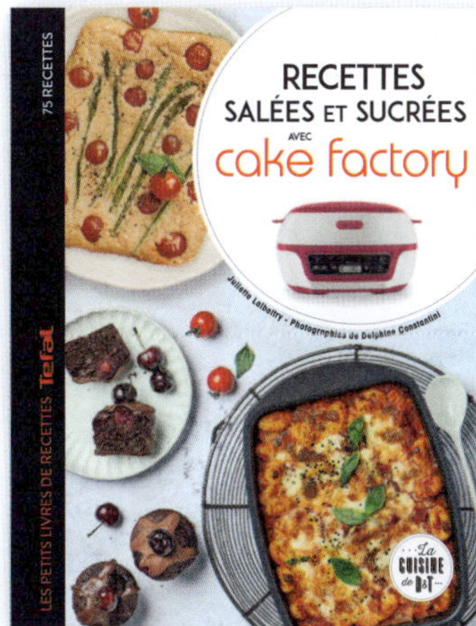

75 RECETTES
LES PETITS LIVRES DE RECETTES Tefal
RECETTES SALÉES ET SUCRÉES AVEC
cake factory
Juliette Lalbaltry - Photographies de Delphine Constantini
La CUISINE de D&T

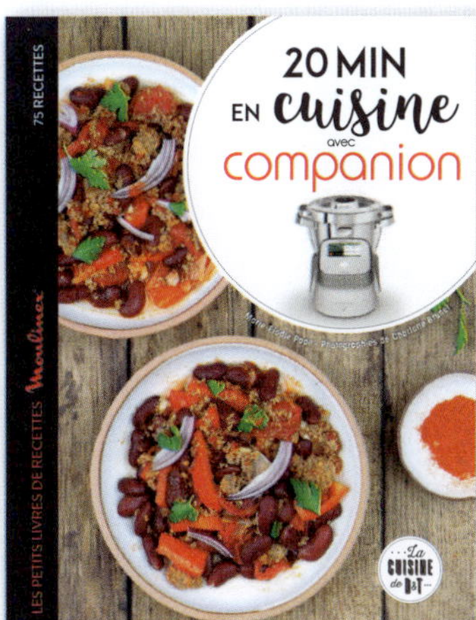

75 RECETTES
LES PETITS LIVRES DE RECETTES Moulinex
20 MIN EN cuisine avec
companion
La CUISINE de D&T

75 RECETTES
LES PETITS LIVRES DE RECETTES Moulinex
RECETTES faciles POUR TOUS LES JOURS avec
companion
La CUISINE de D&T

75 RECETTES
LES PETITS LIVRES DE RECETTES SEB
RECETTES gourmandes MAIS LÉGÈRES avec
ActiFry
La CUISINE de D&T

TABLE DES ÉQUIVALENCES FRANCE-CANADA

Poids

55 g	2 onces	200 g	7 onces	500 g	17 onces
100 g	3 onces	250 g	9 onces	750 g	26 onces
150 g	5 onces	300 g	10 onces	1 kg	35 onces

Ces équivalences permettent de calculer le poids à quelques grammes près (en réalité, 1 once = 28 g).

Capacités

25 cl	1 tasse	75 cl	3 tasses
50 cl	2 tasses	1 l	4 tasses

Pour faciliter la mesure des capacités, une tasse équivaut ici à 25 cl (en réalité, 1 tasse = 8 onces = 23 cl).

Les Éditions Dessain et Tolra utilisent des papiers composés de fibres naturelles, renouvelables, recyclables et fabriquées à partir de bois issus de forêts qui adoptent un système d'aménagement durable. En outre, les Éditions Dessain et Tolra attendent de leurs fournisseurs de papier qu'ils s'inscrivent dans une démarche de certification environnementale reconnue.

ISBN : 978-2-03-604927-7
Photogravure Nord Compo
Imprimé en Espagne par Estella Graficas
Dépôt légal : avril 2023
333320/04 – 11057310 – octobre 2024

PAPIER À BASE DE FIBRES CERTIFIÉES

Dessain et Tolra s'engage pour l'environnement en réduisant l'empreinte carbone de ses livres. Celle de cet exemplaire est de :
1,1 kg éq. CO_2
Rendez-vous sur www.dessain-tolra-durable.fr